Margot Weinand

AF281742

Mit leiser Freude

Gedichte gereimt und ungereimt

© 2023, Margot Weinand
Herstellung und Verlag: BoD – Books on Demand,
Norderstedt
ISBN: 9783756897971

Vorwort

Wir freuen uns, wenn unser Alltag durch kleine Pausen unterbrochen wird. Es ist eine gute Idee durch ein Gedicht sich selbst aus dem Alltag heraus nehmen zu lassen. Diese Gedichte sind eine Zusammenfassung erlebter Gedanken und Begegnungen aus der Vergangenheit und Gegenwart. Ich schreibe Gedichte auch über nachdenkliches in unserer Zeit und über Nettigkeiten am Rande.

Mein Motto:„Gedichte für alle Momente des Lebens"

Sie werden beim Lesen mein Motto erkennen. Möchte Sie teilhaben lassen beim Lesen gereimter und ungereimter Gedanken. Hin und wieder sind von und für einzelner Freunde ausführliche Gedanken beigefügt.
Mit freundlichen Grüßen

Ihre
Margot Weinand

Schachtelhütte

Alles still heute um die Schachtelhütte.
Ganz verlassen auf der großen Höhe.
Nur der Schnee bedeckt die Sträucher.
Von weitem die erstarrte Kälte schier.
Alles still, nur das eisige Knirschen
Schritt vor Schritt es hörbar schien.

Alles still

Alles still, es tanzt der Reigen.
Mond strahlt über Wald und Flur.
Und darüber steht das Schweigen
des Winterhimmels Mitte nur
man hört der Krähe heiseren Schrei
ein Baum dessen Spitze auf
kein Bächlein vorbei rauscht

Einen Tag lang

Die Sonne glühend rot und schwer
der Wind weht immer hin und her.
Blütenzauber Duft in der Nacht
Sie geht nach Hause ohne Hast.
mit dem Schlaf klappt es nicht gleich
der Duft durchs Fenster sie erreicht.

Nach kurzem Schlaf der Hahnenschrei
der Tag beginnt, die Nacht sich neigt.
Neuer Tag mit Tatandrang,
schreibt mit Freude stundenlang.
Gedanken sind nicht leicht zu pressen
Gedichte darum angemessen.

April

Die Dunkelheit sie überwiegt
und eisig weht der Wind
Erde still im Schlummer liegt.
Bis wieder Blätter raschelnd sind
Von weitem ein Sturm will toben
doch der Herbst er ist zu loben

Winterwald

Wie schön ist die Ruhe im Winterwald
wenn weißer Schnee bedeckt die Erde
die Luft ist klar erfrischend kalt
wenn es immer nur so friedlich wäre.

Leis quietsch Schnee unter der Sohle.
Bist mit deinen Gedanken jetzt allein.
Die ganze Schönheit der Welt hole,
in deine Seele und dein Herz hinein.

Auf weit gespannten Flügeln
fand ich im Traum die Blüten
die wunderschönen Farben
die sich im Sonnenlicht begaben.

Im Park

Ein kleiner Hund im Park,
ging spazieren, stolz sein Gang
und dennoch schnuppert suchend
Immer wieder nur im Kreis
Warum nur, was hat er denn gemerkt
Erblickt vom weitem seinen Herrn.

Auf Zeit

Leider ist alles nur auf Zeit
Er verschließt ihren Mund
Ihre Liebe für die Ewigkeit
Ist eingebunden in die Zeit

Wolkenbild

Die Wolken ziehen dahin
Inmitten ihrer blauen Träume
Mir ist als wäre ich weit von hier
Und befinde mich in engen Räumen

Der Sommer geht hin

An solchen kühlen Sommertagen
Meint man, es geht dem Ende zu
will die Welt Herbstfarben tragen
der Winter der will Einzug wagen.

Gedankenlauf

Ruhe still im hohen grünen Gras
sende meinen Blick nach oben
Und grillen ohne Unterlass
bleiben wunder sie zu loben.

Die Rose

Sieh, wie sie leuchtet, und üppig steht
Welch satter Duft zu Dir herüber weht.
Doch lass nur haften ihre Pracht.
Streift die Luft, sie hat sie über Nacht.
weiche Blätter in der heißen Hand.

Sommerwonne

Wie freue mich der Sommerwonne
Das frische Grün in Feld und Wald.
Wenn es lebt und webt in der Sonne.
Wenn es von allen Zweigen schallt.

Sommersonne

Liebe Sonne schein jetzt wieder.
Schein die düstern Wolken nieder.
Komm mit deinem goldenen Strahl.
Wieder über Berg und Tal.

Trockne ab auf allen Wegen,
überall den alten Regen.
Liebe Sonne lass dich sehen
damit wir können spielen gehen.

Ewige Liebe

Ewige Treue und ewige Liebe
wünschte, dass es doch so bliebe.
Er lebte aus die Harte Gewalt.
Ihre Seele litt darunter sehr bald.
Fast wäre sie daran erstickt.
Fand die Flucht dann sehr geschickt.
Sie ist jetzt einsam aber allein.
Ihre Seele lebt, sie ist wieder frei.

Wer macht mit

Die Welt ist frei, ich fühl es wieder.
Wenn er durch frohe Frühlingslieder.
Sich seiner Jugend kann erfreuen.
Die Vögel zwitschern, ganz aufs neu.

Mücken tanzen im Sonnenschein,
tiefgrüne feuchte Raben,schauen ins
offene Fenster herein.
Die Tauben gurren und kosen.
Dort auf dem niedrigen Dach.

Genieße den Wind

Behaglich sitze ich auf der Bank.
Genieße den Wind der so sehr tanzt,
er wirft die Blätter her und hin,
die rutschig sind ich falle hin.

Doch dann kommt der leise Wind
Und alle dann wieder fröhlich sind.

Einsamkeit

Leise, im Dunklen bleibst du allein
In der Einsamkeit.

Spürst den Schmerz der Krankheit
du bleibst allein.

im Menschengewühl der Großstadt.
Fühlst du dich allein und bist einsam
In Gedanken Nebel und Ängsten
Du bleibst allein.

Die Einsamkeit geht nicht auf in die
Zweisamkeit, Sie ist dein Weg
wenn du Gott gefunden,

Du darfst das Urvertrauen in Gott
Erleben.
Er in dir durch Seinen Geist
Das gibt Dir wahre Lebenskraft.
Morgens ein Blick des Vertrauens
Ein Schritt für dich zeigt auf Verlass
Für dich gilt Licht auch in der Nacht.

Ein Blick des Vertrauens

Die Stille im HERRN ist fern der
Unruh der Welt, die im Alter uns
oft den Weg versperrt.

Um in Ruhe und Frieden zu leben.
Wird Gott im Segen zu dir stehen.

Die Hausgemeinschaft sie ist wichtig,
dem andern vertrauen ist oft richtig,

wenn der Alltag oft rau und hart. Dann
macht uns die gelebte Gemeinschaft
mitunter oftmals auch macht stark.

Wollte aus täglichem Einerlei heraus.
Drum verließ ich Mann Kind und Maus

Im Haus, glaubte ich zur Stille käme ich
bald. Drum wählte ich den verschneiten
Schwarzwald.

Eitelkeit

Es gibt viel Eitelkeit auf unserer Erde. Wo
heute gebaut wird morgen zerzaust.
Wo heute noch Städte Straßen, Wege
und Wiesen. Lässt man Schäferhunde
und ihre Herden genießen.

Gedichte vom Glück

Glück ist garnichtmal so selten.
Glück wird überall beschert.
Vieles kann als Glück auch gelten.
Was das Leben uns so lehrt.

Glück sind wieder stille Stunden.
Dann auch wieder frohe Runden.
Glück schenkt uns ein gutes Buch.
Dann auch wieder ein Besuch.

Wenn du hast das Glück gefunden.
Halt es fest was dir gelungen.
Hat es dich einmal verlassen, kann
es sein, dass es nie wiederkehrt.

Erfahrung in der Schwesternschaft

Dienste der einzelnen Schwestern,
gute Teams, keine von gestern.
Pflege haben sie gern übernommen
Zum Läuten kamen sie angemessen.
Essen wurde pünktlich serviert,
egal wo Hauptsache platziert

Mittagsruhe wurde eingehalten
Es galt Ruhestunden zu verwalten.
Sie haben alles gutgemacht
Auch Ideen wurden eingebracht
Jeder liebt einen blauen Himmel
Spannungen offenbaren die Sinne

Freude was inJahren geschehen
hat nicht nur Eigene gesehen.
Nicht alles gelingt was erwartet
In Geduld lernt man das Warten.
Frühlingsboten, weiße Knospen
Zart das helle grün das sich zeigt

An den hellen Bäumen, es grüßt
der Frühling denn er wird kommen.

Frühlingsgedicht

Der Frühling hat es schnell geschafft.
Gleich nach dem Schnee die Pracht.
Er hat in Eile sich selbst überzogen.
Korona und Klimawandel einbezogen.
Das heutige Wetter war wirklich schön.
Zarter Wind, gleicht so dem Föhn.

Durch den Regen, der uns getroffen
Wurde vom Wind das Gras trocken
die Sonne mit ihren Strahlen hat den Rest
des Regens ausgeblasen.
Der Regierung fiel dann ein, Korona und
Klimawandel muss wichtig sein.

Geburtstag

Wir wünschen das Du diesen Tag
nicht so schnell vergessen darfst
Und du im neuen Lebensjahr
Gottes Segen erfahren darfst

Gefühle

Bin dabei versuche und verstehe.
Tief in mir wünsch nichts verdrehen.
Zärtlich Gefühle erfahre meinen Sinn.
Möchte das Thema abschließen,

doch mich stört mein Wille.
Wünsche Vergangenes könnt fliegen,
doch es passt nicht, es will siegen.

Geld und Glück

Bedeutet Geld Glück,
Glück heißt: Lebe der Sonne entgegen
Ob viel Geld dazu gehört,
Lass weise Leute entscheiden.

Gezeiten

Den Atem der Welt erlebe ich
In den Gezeiten des Meeres wo
Die Welt atmet bleibt Leben.

April, Aprilwetter

April der macht was er will
Frost und Schnee tun den Saaten weh
Sonne und Regen wecken das Leben.
Wärme Hitze, wars so im frühen Jahr
Viele Bäume die blühen viel zu früh,
doch die Nächte sind zu kühl.
Die Bienen sind noch nicht aufgewacht
das haben Kirschen nicht bedacht.

Der Baum bedeckt mit weißem Regen
ob dieser wird reife Früchte geben
Blitz, Donner, Hagel stellen sich ein
sollte das nicht erst im Sommer sein?
Es wird wieder kühler, es folgt der Mai
sind die Wetterkapriolen jetzt vorbei?
Natur hat dem Leben die Zeit gegeben
damit wir verstehen irdische Regeln.

Glücksnähe

In der Ferne, bist du dem Glück näher, es
stimmt nicht, nimmst dich immer mit

Geöffnetes Fenster

Abends ein halboffenes Fenster.
Den Kopf voller leerer Gedanken
wie Gespenster.

Vom Wind getrieben, das rote Laub
Fest klatschend mit Verlaub,
dann wieder fest gegen die Scheibe.

Vor lauter Schreck bekam ich meine
Leeren Gedanken wieder richtig klar,
und war im Augenblick ganz dar.

Geerntet

Voll die Scheunen, Korn gemahlen.
Obst ausgesucht danach zu Lagern.
Trauben gepresst, Wein abgefüllt.
Wir wurden durch das Jahr geführt.

Abendspaziergang

Die Sonne tief mit roten Farben
Streifen um freie Flächen warben
Feuerrot taucht dann der Ball
schnell dem Ziele nach dem All

das verglühte Licht verliert die Sonne.
Am Horizont die Streifen aus
Einander gleiten doch der Versuch
Festzuhalten gelingt nicht.

Denn die Sonne hat ihren Schein
eingetaucht in Dunkelheit
uns bleib nur noch die Wirklichkeit.

Für alle Aufgaben

Für alles was an Aufgaben.
Dir jeden Tag wird zugetragen
kurze Zeit die ist vergangen
als wir froh Alle noch beisammen.

Auf jeden Fall

Auf jeden Fall es ist zum Staunen
die Zeit geht um auch mit Launen.
Eins aber wissen wir genau.
die Lebensführung macht uns schlau.
Du hast die Gabe zu gestalten.
Wenn keine Sonne, wir warten.

Frei zu werden für Geist und Sinne
Schönheit sie will Raum gewinnen.
Das Haar wird silbern und licht
vielleicht einmal ein Traum zerbricht
nicht Zufall oder Geist der Zeit
Gott ist der Seine Spuren zeigt

Ganz allgemein

Der Winter scheint sich auszuruhen
Auch das Team denkt das zu tun.
Wir erkennen Stärke unter der Haut,
weil man sich ohne Worte vertraut.
Die Arbeit gilt schön und angenehm
Freundlich täglich, sonst wird's kläglich

Als der Wecker noch gebraucht

Um sechs Uhr klingelt der Wecker
Aufgewacht durch Zeitvollstrecker
Recke und strecke mich im Bett
Mich umzudrehen hatte keinen Zweck

Unter der Dusche dann die Gedanken
Brachten die Pläne auch zum Wanken

Der schönste Beruf, er nutzt sich ab
Freude bleibt weg, Arbeit ist schlapp

Meistens bin ich heute ausgeruht
Weil das Rentnerleben ausgebucht
Doch die Gedanken gehen zurück
Wecker zu brauchen, war mein Glück

Allen auf der ganzen Station

Die Wichtigkeit wird allen deutlich Heute
und morgen, gestern und neulich

Sich merken ist richtig

Der Zeitverlust der war enorm
Plant für morgens in neuer Form
Geld Zettel Schlüssel und alles parat
So ging es dann weiter am andern Tag
Aber notvoll war es sich zu merken.
Erstmal denken und dann werken.

Einkauf fürs Fest

Winter Monaten sind früh dunkel.
Auf dem Parkplatz treu dem Wunsche,
suche ich den freien Platz,
den man schnell zum Parken hat.

Stürm den Laden und dabei.
Sehe ich dann allerlei.
Aber aufgeregt stelle ich fest,
im Kopf ist nur der Leergut-test

Zettel lag fein auf dem Schrank
Schlüssel schnell dann zur Hand

Bäume

Hab im Schnee einen Baum gefunden
Ich wollte ihn etwas bewegen.

Er war fest mit der Erde verbunden
Und hatte so lang schon gelegen.

Sehe genau es war mein Baum
Darunter ich öfters gesessen

Habe geträumt manch süßen Traum
Doch bald hatte ich ihn vergessen.

Er liegt fest, weil die Kälte ihn hält
Rings herum ist alles erstarrt

Eisig kalt scheint mir die Welt
Dennoch bin ich in ihr vernarrt.

Es scheint die Sonne, vertreibt das Eis
Es lösen sich alle Krusten

Frühling kommt über Nacht ganz leis
Ohne dass wir vom Winter wussten.

Corona Gedicht

Corona Zeit noch nicht überstanden
Unsere Urlaubszeit gilt noch im Lande
Ob sich das günstig für Corona-
Lockerung zeigt?
Es lässt sich nicht sagen,
doch wir sind zu allem bereit.

Beim Mittagessen

Unsere Augen sehen gern.
Den schönen Park von fern.
Kleine Tiere rüsten zum Winterschlaf.
Ihre Nester bauen sie darum ganz nah.
Hoch am Himmel ein Vogel flattert.
Er schafft es nicht, wird immer matter.
Unsere Mahlzeit die wird kalt.
Beim Essen keiner Ausschau halt.

Gott als Begleiter

Gott als Begleiter verirrst du dich nicht.
Er ist ein Streiter, für Wahrheit im Licht
Ihm darfst du vertrauen seinem Gebot.
Auf ihn darfst du bauen, falls du in Not.

Licht und Schatten muss es geben
Soll das Bild vollendet sein.
Wechseln müssen drum im Leben
Tiefe Nacht und Sonnenschein.

Himmelsbild

Hoch oben hinter tiefen Regenwolken,
die Sonnenstrahlen scheinen sollten.
Versuchte mich dann auch zu drehen,
um das Himmelsbild ganz zu sehen.

Die Regenwolken von Sonnenstrahlen,
unterm Himmel ausgetrocknet waren.
Von alle dem blieb der Dampf zurück.
Am Ende nichts aufgelöst zum Glück.

Rechte Demut

Wenn durch Stolz etwas zerbrich.
Achte danach die Trauer nicht.
Wer von Demut getroffen braucht Mut,
denn dies zu erleben ist nicht gut.
Selbst Gott der solche Leute liebt
weiß sie werden oft durchsiebt

Gott schätzt sehr den treuen Knecht,
wie dass dieser dient nie schlecht.
Wer mit der Demut umgehen kann,
wird erkannt am aufrichten Gang.

Offene Fragen

Viele Fragen blieben offen,
warum wurde Glück zerbrochen,
wozu ist manch Böses mächtig.
Wer betroffen spürt es heftig.

Warum so viel Ungerechtigkeit.
Und viel Leid in kurzer Zeit.
Warum so oft lebt das Betrügen.
Statt sich in der Wahrheit üben.

Mut zum Zweifel

Willst du Mut zum Zweifel hegen.
Äußerungen dann nicht pflege.
Doch gedanklich bleibe wach,
mit Gewissheit nachgedacht.

Gewohnheit führt leicht zu misstrauen,
doch Beziehung bildet dann Vertrauen.
Das Herz es ahnt die ganze Wahrheit
führt dich dann auch zu der Klarheit.

Die Welt ist nicht schön

Die Welt ist wirklich nicht schön
Sie hat viel Kälte und keinen Föhn.
Im Innern sich freudig bewahren.
Und selber was Schönes zu malen.

Sonne im Glanz

Bei Nacht gewinnt die Dunkelheit
Und eisig weht der Wind
Die Erde still im Schlummer liegt
Bis dass das Neue siegt.

Der erste Schnee

Durch den gefallenen kühlen Schnee
Prüft jeden Schritt das schlanke Reh
Aus silbergrauen Gründen tritt
Im Winterwald, zierlich ein Gesteck

Der Traum im Schnee

Habe lange im Blick schon gehalten
Den schwarzen Vogel auf dem Balkon
Ich sah, wie er auch runter glitt
Durch Schnee dann Schritt für Schritt
Der schwatze Rabe durch den Schnee

Nikolaus Kirche

Funkelnde Weihnachtslieder
Kerzenglanz und Chorgesang
verzaubert die Erwachsenen gern
sie Kämen gern von nah und fern.
die Kinder voller Staunen
erlebten Jesus Christus im Glauben.

Der Maibaum

Der Blick auf unseren Park,
uns schon gefangen hat.
Wir können Lust schnell finden.
Die bunte Vogelwelt zu binden.

Hinter dem Busch

Der Blick auf unsern Park,
uns oft gefangen hat.
Bunte Vogelwelt will Lust finden.
Im Sturzflug versuchen zu binden.

Die Nacht der Nächte

Die Nacht ist dunkel und schwer,
vom Ufer klatsch das Meer.
Kleine Wellen aber beständig,
Bewegung mit Wind bleibt umgänglich.
Man lauscht aufmerksam doch,
Wolke deckt den Mond dann noch.

Casa Moschia

Das Gäste Haus am Lago Maggiore
die riesige Palme rund ward sie gebaut
Um den Stamm kreisförmig eine Bank
wir saßen und saugten mit Blicken
Die untergehende Sonne auf.
tiefblaues Wasser sahen wir auch.

Wie eine kleine Insel schwamm.
Diese Schönheit gab uns dann
starkes Glücksgefühl man glaubt
die Sonne hat was man kaum denkt uns
einen schönen Tag geschenkt.

Vom Schnee bedeckt

Der Schnee bedeckt alles was zerstört.
Bleibe auch, wenn der Schnee zerrinnt
Wichtig ist es, dass es mir gehört.
Und dass es auch niemanden stört.
Ist der Schnee erst weggetaut
Wird schnellstens alles aufgebaut.
Stolz ist man, wenn alles im Licht.
keinem störet dann weiter nichts.

Frühling der es schafft

Frühling hat es wiedermal geschafft
Man kannte es an der Blütenpracht
Hatten den Eindruck, er hat überzeugt.
Kein Wandel der Natur sich beugt.

Das Wetter ist auch wieder schön
Es weht der Wind, fast wie der Föhn
brachte sofort Nässe zum Trocknen.
Die Corona Krise nicht mehr offen
So halten wir es für alle fest.
Corona Virus besiegt wie die Pest.

Momente der Erinnerung

Musik Gedichte gesungen und gelesen
Sagen Danke für alles was gewesen
Leben, es lohnt, denn Freunde sind rar
Feiern lustig zu unnötigen Dingen

Richtig um Freunde zu gewinnen
Richtige Zeit erlischt nicht so leicht

Dein Wille

Ruhige Leere bricht Fülle ein
Verlasse mich auf dich allein
Auf deinen Willen, ich werde frei.
Mein Leben ist ausgefüllt mit dir.

Liebe wie die Jahreszeit

Wenn sich Zuneigung immer erneuert,
Liebe zum Partner immer beteuert,
Ohne dass was besonders geschieht
Man ein neues Ja zum andern find
Gefühle sind dabei besonders wichtig
Herz muss sprechen, so ist es richtig.

Der Beruf einen Jeden, allezeit prägt
Manch ein anderer an Erfolgen sägt.
Vertrauen es manchem fehlt,
wenn mit dem Rücken zur Wand steht.
Man sehnt sich nach der Erntezeit,
Im Herbst des Lebens ist es soweit

In der Winterzeit, die Kälte sich mehrt
Erstarrtes und Leeres sind ohne Wert
Möchte ruhig und sanft schlafen
wegen der Sorgen ist er nachts wach
man hört von draußen aber den Wind
unheimlich im Winter Geräusche sind.

Gedanken zurück

Sie besucht den Baum im Wald
An dem sie die Zeit vergaß
Er träumte die Zukunftszeit
Ritzte sich in die Rinde ein.
Heute sind die Worte schwach
Ob er Vergangenes hielt wach?

Stark ihr Traum, wird er leben.
Wird auch er zum Baume streben
Selbst wenn sie daran denkt
dem Traum Beachtung schenkt
kehrt sie um von diesem Baum
doch vergessen wird sich´s kaum
Eins der Freude wird es bleiben
Denn sie kennt den Reiz der Träume

Brot

Du bist das Brot des Lebens
Das Du HERR uns liebend nährst
Wir bitten nicht vergebens
Das Leben Du gewährst
Du bist das Brot gebrochen
Als Finsternis fiel ein

Du hast uns freigesprochen
Jesus du willst bei uns sein
Du Brot das wir empfangen
HERR Du in Brot und Wein
Lass uns ans Ziel gelangen
In deinem Reich zu sein.

Blockade

Irgendwann möchte ich
Worte malen
Bilder schreiben
Lieder lesen
Warte auf irgendwann

Begleitung

Hast in vielen Zeiten mich begleitet.
Mir stets Freude bereitet,
nie mehr ohne dich zu sein
nie wieder ganz allein
zieh mich zurück in die Stille,
das ist mein Wunsch und mein Wille.

Braune Erde

Ohne Wolken hell und blau
Morgens überrascht vom Tau
Die Erde umgraben braun
Grüne Weide umgeben vom Zaun

Löwenzahn leuchtendes gelb
Die Saat geschützt in weitem Feld
Zeigt uns wie die Natur lebt
Und in der Farbenkraft sie klebt

Die Zeit empfunden

Wie furchtbar lang ist doch ein Jahr.
So stöhnt ein Kindermund der fragt.
Wer beruflich und gesund der fragt
wo ist geblieben das schöne Jahr
schnell vorbei, Schönes man sah.
Geschenkte Zeiten weil Gott sie gab.

Die Stunden laufen immer gleich,
dennoch wenn wir fragen reichts
schöpferische Kräfte neu werden
unsere Zeiten und unser Leben.
Diese Stunde messe oder zähle
An Inhaltswerten sie zu wählen.

Der Wind im Leben Unruh bringt
Dadurch ich keine Ruhe find.
Auch wenn ich in der Krise stecke
So, dass Pläne sich nicht decken
Von Gott geschenkt von uns verwaltet
Um zum Dienst es recht zu gestalten.

Bisher erschienen

Gedichtbände
2009 Gelebter Glaube
2009 Kurzbiographie
     Eine Heimleiterin erzählt
     Von Fall zu Fall
2018 Autobiographie
     Stöbern im Schatz meiner
     Erinnerung
2020 Unser Sommer
2020 Wünsche mir Zeit
2020 Lebensfreude
2021 Berge verhüllt
2021 hundert grüne Arme
2021 Erde das Richtige
2022 Dämmerung im Abendlicht
2022 Wasser im Garten
2022 Offene Augen
2022 mit leiser Freude
2022 manchmal ist es so

Vita

1933 in Essen geboren
1939 Einschulung in Essen
1947 Schulpflicht 8. Klasse beendet
1947 soziales Pflichtjahr
1948 Lehre Kaisers Kaffee
1951 Abschluß Kaufmannsgehilfe
1952 Weiterbildung Handelsschule
1953 Steno und Schreibmaschine
1958 Berufstätig als Kontoristin
1958 Selbständigkeit im Einzelhandel
1965 Heirat
1970 Berufsbegleitende Weiterbild.
     als Erzieherin.
1973 Berufung in die Jugendhilfe
     nach interner Weiterbildung
1986 Berufung als Heimleiterin
1988 Ruhestand, seit dieser Zeit
     schreibe ich
2003 Mitglied im Autorenkreis
2012 Witwe unsere zwei Kinder sind
     verheiratet habe drei
     Enkelkinder
2019 wohne ich im Matthias
     Jorissenhaus, in Neukirchen-Vluyn